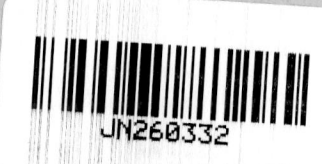

崎陽軒のシウマイレシピ70

監修　株式会社崎陽軒

東京堂出版

はじめに

「おいしいシウマイ、崎陽軒〜♪」

これは私たちの会社の看板商品であるシウマイのCMソングの一節です。40年以上にわたってテレビやラジオで使用しており、とくに横浜ご出身の方には耳なじみがあるフレーズかもしれません。

今では多くの方から愛され、横浜名物と呼ばれるようになったシウマイですが、そもそもは、横浜駅が東京駅に近すぎたため、駅弁が売れなかったという逆境から誕生した商品であることをご存じの方は少ないかと思います。

当時、開港まもない横浜は、歴史が浅く、他地域にみられるような「かまぼこ」や「うなぎ」といった名物と呼べるものはありませんでした。「名物がないなら、作ろう！」と考え、中華街で突き出しとして出されていた「シューマイ」に目を付け、日本の駅弁文化と海外の文化を融合させた、冷めてもおいしく、揺

れる列車内でも食べ易いひと口サイズの崎陽軒のシウマイを開発・販売したのが昭和３年のことです。

本書はこの横浜の代名詞といっても過言ではない食材である、シウマイを使ったレシピ集です。

シウマイに蒸す以外の食べ方があるの？　と思われるかもしれません。

ところが、意外にもあらゆる料理と相性がとてもよいのです！

そのヒミツは、崎陽軒のシウマイのシンプルな材料と味付けにあります。それが調理過程でうま味になり、食感をよくし、ボリューム感をアップしてくれるのです。

もちろん、そのまま食べていただいてもおいしいのですが、アレンジを加えることでより食べ方の幅が広がるということをお伝えしたく、本書の発行に至りました。きっと、シウマイの新しいおいしさに気づいていただけるものと信じております。

株式会社　**崎陽軒**

シウマイ界の絶対的エース!!

崎陽軒のシウマイでこんなにおいしい料理ができちゃう理由

理由1 材料がシンプルだからどんな料理にも合う！

崎陽軒のシウマイの材料は、豚肉、たまねぎ、干しほたて貝柱、グリーンピースという昔から変わらないシンプルなもの。だからこそあらゆるジャンルの料理と組み合わせることができ、おいしさも倍増するのです。

理由2 ひと口サイズで調理しやすい！

崎陽軒のシウマイは一般的なものよりひとまわり小ぶりです。そのためまるまる1個を材料として使っても食べやすく、調理もしやすくなっています。型くずれもしにくいので、上手に切り分けることもできます。

理由3 化学調味料や保存料ゼロで、安全・安心！

食べるものはいつでも体によいものであるべきという考えから、崎陽軒のシウマイは化学調味料や保存料を使用していません。お子さまからご年配の方まで、家族みんなで安心してお召し上がりいただけます。

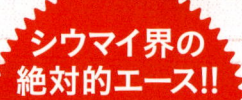

崎陽軒のシウマイ 徹底分析

昔ながらのシウマイ

かわいい
ひと口
サイズ!

■DATA
発売期間:昭和3年～現在
エネルギー:34kcal(1個)
販売方法:常温
価格:15個入 560円(税込)
30個入 1,100円(税込)
6個入 260円(税込)

グリーン
ピースは
混ぜ込まれ
ている!

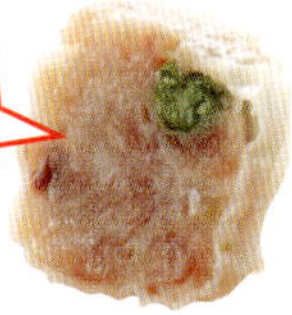

〈断面図〉

「シウマイ」と表記するのは、初代社長の栃木なまりが、シウマイの本場、中国語の発音に似ていたことから。実は、「ウマイ」という文字も入っている。

特製シウマイ

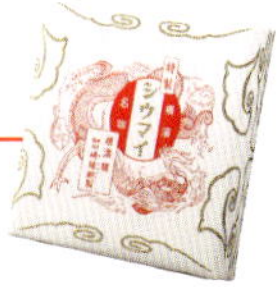

「昔ながらの
シウマイ」より
ひとまわり
大きい!

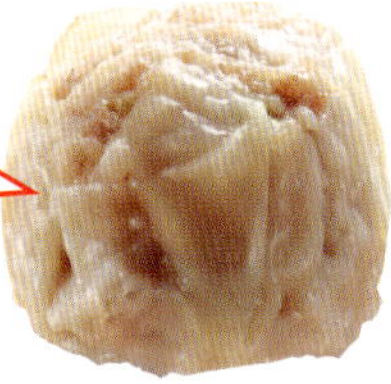

■DATA
発売期間:昭和56年～現在
エネルギー:55kcal(1個)
販売方法:常温
価格:12個入 1,290円(税込)
6個入 670円(税込)
22個入 2,160円(税込)

干しほたて
貝柱の分量
が多い!

〈断面図〉

「贈答品としてのシウマイを!」というお客様の声から作られた。現在は贈答品としてだけでなく、少し贅沢なシウマイとして人気!

からしとひょうちゃんの
しょう油入れも入っているよ!

崎陽軒のシウマイはこうやって作られる!!

崎陽軒のシウマイは、横浜市内の工場で1日に約80万個も製造されています。
どうやって作られているのか公開しちゃいます！

STEP 1 材料を準備する

長年守られる味の決め手は材料！

シウマイの材料は、皮となる小麦粉、調味料を合わせてもたった9品というシンプルな材料から作られています。これが、長年愛される味のヒミツです。

STEP 2 材料を合わせて成形

うま味がつまったたねを作る！

干しほたて貝柱はひと晩水につけて戻し、たっぷりとうま味がでたスープとともにシウマイのたねとして混ぜ合わせます。そして、たねができたらシウマイの形に整えていきます。

STEP 3 皮に包んで蒸す

皮に包んで蒸し器へ!

成形されたシウマイのたねは皮に包まれ、出荷時間に合わせてベルトコンベアの蒸し器を通って蒸し上げられます。蒸し上がったシウマイは、箱に詰められる温度まで冷却されます。

STEP 4 箱に詰める

おいしそうに詰められていく!

できあがったシウマイは、きれいに箱詰めされていきます。しかし、しょう油入れのひょうちゃんを箱に詰める作業は手作業によるものです。

シウマイ工場は見学できる!

崎陽軒のシウマイが作られている工場は、見学(要予約)することができます。製造工程の見学やできたてのシウマイを試食できるとあって、大人気です。

◎工場見学予約方法
見学希望日の3カ月前の1日から1週間前まで電話にて予約を受付。

実施予定日:毎週水曜、木曜、金曜、土曜
(10:30〜/13:00〜の1日2回実施)

催行人数:最小2名〜最大40名

料金:無料

申し込み先:045-472-5890
(年中無休 8:00〜18:00)

CONTENTS

PART ①

揚げる&炒めるおいしいシウマイレシピ

PART ②

蒸すだけあっさりシウマイレシピ

PART ③

煮込んであったかシウマイレシピ

PART ④

焼くだけかんたんシウマイレシピ

PART ⑤

あえる&はさむお手軽シウマイレシピ

本書で使用する
シウマイ紹介

◉ 昔ながらのシウマイ

昭和3年の発売以来、変わらぬレシピで変わらぬおいしさの看板商品。豚肉と干しほたて貝柱の味わい深い、ひと口サイズのシウマイです。小ぶりゆえに、さまざまなメニューの具としても使いやすくなっています。

◉ 特製シウマイ

昔ながらのシウマイよりも、干しほたて貝柱の分量が多く、コクのある味わいが特長のシウマイです。昔ながらのシウマイよりサイズも大きいので、ボリューム感を出したいメニューに最適。

[レシピの見方]

パラパラシウマイ炒飯

こんがりシウマイがほのかに香ばしい
黄金色の炒飯

ランチ
パーティー

[材料(2人分)]
昔ながらのシウマイ……6個
長ねぎ……5cm
全卵……1個
冷やごはん……180g
こしょう……少々
サラダ油……少々

A
塩……ひとつまみ
しょうゆ……大さじ1
鶏がらスープの素(だしの素でも可)
……少々

[作り方]
1 シウマイは縦に十文字に切る。長ねぎはみじん切りにする。
2 ボウルに卵を溶き、ごはんを加えて混ぜる。
3 フライパンにサラダ油を熱してシウマイを焼き、焼き目がついたら、長ねぎを加える。
4 3に2を入れ、Aを加えて炒め、こしょうで味をととのえる。

POINT
2つのコツをちゃんと守れば、家庭でもパラパラ炒飯をおいしく作ることができます。
コツ1 ごはんに溶き卵をしっかりからめておくのがパラパラ食感に仕上げるコツ。
コツ2 ごはんを入れたら、すぐに混ぜずに片面をこんがり焼き上げるまで触らない。

14 PART 1・揚げる＆炒めるおいしいシウマイレシピ
15

● 使用するシウマイの種類と個数は、材料として記載しています。

● 調理のポイントも参考にしてください。

PART 1

揚げる＆炒める
おいしいシウマイレシピ

崎陽軒のシウマイを揚げる＆炒めることで、おいしいメニューに仕上げるレシピ集。炒飯やコロッケなど、シウマイの見事な変身ぶりに脱帽！

パラパラシウマイ炒飯

ランチ
パーティー

こんがりシウマイがほのかに香ばしい
黄金色の炒飯

[材料(2人分)]

昔ながらのシウマイ……6個
長ねぎ……5㎝
全卵……1個
冷やごはん……180g
こしょう……少々
サラダ油……少々

A
塩……ひとつまみ
しょうゆ……大さじ1
鶏がらスープの素(だしの素でも可)
……少々

[作り方]

1 シウマイは縦に十文字に切る。長ねぎはみじん切りにする。
2 ボウルに卵を溶き、ごはんを加えて混ぜる。
3 フライパンにサラダ油を熱してシウマイを焼き、焼き目がついたら、長ねぎを加える。
4 3に2を入れ、Aを加えて炒め、こしょうで味をととのえる。

POINT

2つのコツをちゃんと守れば、家庭でもパラパラ炒飯をおいしく作ることができます。

ごはんに溶き卵をしっかりからめておくのがパラパラ食感に仕上げるコツ。

ごはんを入れたら、すぐに混ぜずに片面をこんがり焼き上げるまで触らない。

メイン
おつまみ
パーティー

シウマイ酢豚風

豚肉の代わりにカレー風味の揚げシウマイ
甘みと酸味のバランスが絶妙

［**材料（2人分）**］

昔ながらのシウマイ……6個
カレー粉……適量
片栗粉……適量
にんじん……90g
しいたけ……3枚
さつまいも……80g
たまねぎ……1/4個
全卵……2個
水溶き片栗粉……適宜
サラダ油……少々

A（甘酢）
酢……大さじ4
砂糖……大さじ6
トマトケチャップ……大さじ3
しょうゆ……大さじ2・1/2
水……大さじ3・1/2

［**作り方**］

1 にんじんは乱切りにする。しいたけは十文字に切る。さつまいもは1.5cm幅の半月切りにする。たまねぎはくし形切りにして1枚ずつに分ける。
2 シウマイとカレー粉をビニール袋に入れてよくもみ、片栗粉も加えてさらにもむ。
3 ボウルに卵を溶き、**2**をつけて150～160℃のサラダ油（分量外）で揚げる。
4 **1**を**3**の油でさっと油通しする。
5 フライパンにサラダ油を熱して合わせたAを入れ、水溶き片栗粉を加えてとろみをつけ、**3**と**4**を加えてさっとあえる。

POINT

甘酢を極めれば他の料理にも応用可能。冷めてもおいしいので、お弁当にも！

シウマイチリソース炒め

目にも鮮やかなパプリカの彩りが
食欲をそそります

メイン
おつまみ
パーティー

［材料（２人分）］

昔ながらのシウマイ……10個
片栗粉……適宜
ピーマン・パプリカ……合わせて1〜２個分
チリソース（市販品）……120g

［作り方］

1 ピーマンとパプリカは芯をとって３cm角に切り、170℃のサラダ油（分量外）でさっと油通しする。
2 フライパンにチリソースを入れて熱し、1と片栗粉をまぶしたシウマイを加えてからめる。

POINT

パプリカの代わりに、ヤングコーンやなすなどの野菜を使ってもおいしい。

シウマイ回鍋肉《ホイコーロー》

中華料理の定番メニューにシウマイを合わせて

メイン
おつまみ
パーティー

[材料(2人分)]

昔ながらのシウマイ……6個
ピーマン……1個
長ねぎ……1/2本
にんじん……5㎝
キャベツ……1/8個
にんにく(うす切り)……1/2かけ
しょうゆ……大さじ1/2
水溶き片栗粉……適宜
サラダ油……少々
ごま油……適宜

A
甜麺醤《テンメンジャン》……大さじ2・2/3
砂糖……大さじ4
豆板醤《トウバンジャン》……小さじ2/3
うま味調味料……大さじ1/4

[作り方]

1 ピーマンは乱切りにする。長ねぎは3㎝幅の斜め切りにする。にんじんは3㎜厚さの飾り切りにする。キャベツは3㎝程度の大きさに手でちぎる。
2 フライパンにサラダ油を熱してにんにくを炒め、1を加えてさらに炒めたら、しょうゆを加える。
3 2にシウマイと合わせたAを入れて、さらに炒める。
4 3に水溶き片栗粉を加えてとろみをつけ、ごま油をまわしかける。

POINT

途中で加えるしょうゆで香りをつけ、最後のごま油で風味と照りをプラス。

ランチ
メイン
おつまみ

シウマイ&ゴーヤチャンプルー

沖縄の味と横浜の味が見事にコラボレーション！

［材料（2人分）］

昔ながらのシウマイ……3個
木綿豆腐……1/2丁
ゴーヤ……1/2本
長ねぎ……1/2本
にんじん……5㎝
全卵（スクランブルエッグ）……1/2個
サラダ油……少々
ごま油……適宜
オイスターソース……大さじ1

A
うま味調味料……小さじ1/2
塩……小さじ1/2
砂糖……小さじ1/2
こしょう……少々

POINT

スクランブルエッグはお好みで。入れるとふわっとやさしい味わいになります。ゴーヤの苦みが苦手な人は、水にしっかりさらして。

［作り方］

1 シウマイは横に2等分する。豆腐は水気をよくしぼる。ゴーヤは種を取り除いて5㎜幅の半月切りにし、塩（分量外）でもんでから水にさらす。長ねぎは3㎝幅の斜め切りにする。にんじんは5㎜厚さの飾り切りにする。
2 フライパンにサラダ油を熱し、豆腐を握りつぶしながら入れ、水気を飛ばす。
3 **2**から豆腐を取り出し、サラダ油を入れ、ゴーヤがしんなりするまで炒めたら、シウマイと長ねぎ、にんじんを加えて炒める。
4 **3**の中央をあけてオイスターソースを入れ、香りよく炒める。
5 豆腐とスクランブルエッグを**4**に戻し、Aを入れて全体をよく混ぜたら、ごま油をまわしかける。

揚げシウマイと野菜のマリネ

おつまみ
パーティー

シウマイがおしゃれな前菜に☆野菜の食感も楽しんで

［材料（２人分）］

昔ながらのシウマイ……８個
たまねぎ……1/2個
にんじん……30g
ミニトマト……３個
にんにく（うす切り）……1/2かけ
鷹の爪（輪切り）……３～５個
オリーブオイル……大さじ１・1/2
塩……少々
こしょう……少々
パセリ（みじん切り）……適宜

■A（マリネ液）
白ワインビネガー（米酢でも可）
……大さじ２・2/3
白ワイン（水でも可）……大さじ２・2/3
はちみつ……小さじ２

［作り方］

1 シウマイは縦に２等分し、180℃のサラダ油（分量外）で色づく程度にさっと揚げる。たまねぎとにんじんは細切りにする。ミニトマトは縦に４等分にする。
2 フライパンににんにくとオリーブオイル、鷹の爪を入れ、弱火で香りを出す。
3 **2**にたまねぎとにんじんを加えて火を強めてさっと炒め、合わせておいたAとミニトマトを加え、塩とこしょうで味をととのえる。
4 タッパーまたはバットにシウマイを並べ、上から**3**をかけて冷蔵庫で冷ます。
5 **4**を器に盛りつけ、パセリをちらす。

POINT

マリネ液は熱々のうちにシウマイにかけて、しっかりと冷やすのが味をしみ込ませるポイント。

揚げシウマイの野菜あんかけ

野菜のうま味たっぷりのあんがシウマイによくからみます

メイン
おつまみ
パーティー

[材料(2人分)]

昔ながらのシウマイ……8個
薄力粉……適宜
あんかけ用野菜
　にんじん……1/6本
　たけのこ(水煮)……1/4個
　えのきだけ……1/4パック
　しいたけ……1枚
チンゲン菜……1束
鶏がらスープ……150mℓ
水溶き片栗粉……適宜
ごま油……少々

■A
オイスターソース……小さじ2
うま味調味料……小さじ1/4
塩……小さじ1/3
砂糖……小さじ1
しょうゆ……小さじ1

[作り方]

1 シウマイは薄力粉をまぶして170℃のサラダ油(分量外)で2分程度揚げる。にんじん、たけのこ、しいたけはせん切りにする。えのきだけは石づきをとる。チンゲン菜は縦に8等分にし、塩ゆでにする。
2 小鍋にスープを沸かしてあんかけ用野菜を入れ、合わせたAを加えて味をととのえ、水溶き片栗粉でとろみをつけ、最後にごま油をまわしかける。
3 シウマイとチンゲン菜を器に盛りつけ、シウマイの上に**2**をかける。

POINT

シウマイは素揚げでもよいですが、衣をつけることであんがからみやすい。

ランチ
メイン
パーティー

シウマイナポリジャン

横浜流ナポリタンは麺が太めでやわらかいのが特徴
からしと一緒に食べると最高！

[**材料（２人分）**]

昔ながらのシウマイ……６個
スパゲッティ（1.6～1.8㎜）……150g

A
たまねぎ……1/4個
ピーマン……１個
マッシュルーム（うす切り水煮）……45g

にんにく（みじん切り）……1/2かけ
塩……少々
こしょう……少々
トマトケチャップ…… 大さじ6
砂糖……小さじ1/2
牛乳……大さじ2
オリーブオイル……大さじ2
からし……適宜

[**作り方**]

1 シウマイは縦に十文字に切る。たまねぎは繊維にそって５㎜幅に切る。ピーマンは３㎜幅に切る。
2 スパゲッティを表示の通りゆで、ざるにあげる。ゆで汁は大さじ6をとっておく。
3 フライパンにオリーブオイルとにんにくを入れて熱し、Aを入れて炒め、軽く塩とこしょうをふる。
4 野菜に火が通ったらトマトケチャップを入れ、**2**のゆで汁と砂糖を加え、塩で味をととのえる。
5 **4**にシウマイと牛乳を加え、ひと煮立ちしたらスパゲッティを入れてからめる。
6 **5**を器に盛りつけ、からしを添える。

POINT

耐熱皿にシウマイナポリジャンを盛り、とろけるチーズをのせて焼いてもおいしい！

アツアツを召し上がれ！

ランチ
メイン
パーティー

ころころシウマイコロッケ

ひと口大のころんとかわいいコロッケ☆
サクッとした食感とシウマイのうま味をご堪能あれ！

［材料（2人分）］

昔ながらのシウマイ……8個
★コロッケのたね（市販のポテトサラダでも可）……240g
小麦粉……適宜
全卵（溶き卵）……1個
パン粉……適量

［作り方］

1 コロッケのたねを30gずつ8個に分ける。
2 1を手のひらに広げ、シウマイを真ん中に入れて丸める。小麦粉、溶き卵、パン粉の順につけ、170℃のサラダ油（分量外）で、色づくまで揚げる。

★［コロッケのたね（作りやすい量）］

じゃがいも（皮をむき、ひと口大に切って20分程度蒸かす）……5個
ツナ（油を切る）……1缶
ミックスベジタブル（熱湯でさっとゆでる）……100g
マヨネーズ……大さじ2
塩……少々
こしょう…少々

［作り方］

じゃがいもをつぶし、ツナ、ミックスベジタブル、マヨネーズを加えて混ぜ、塩とこしょうで味をととのえる。

POINT

具材はすべて火が通っているので、表面が色づけば完成。残ったコロッケのたねは、マヨネーズを足せばポテトサラダに。

中には
シウマイが
ゴロッ!!

メイン
おつまみ
パーティー

シウマイの彩り串揚げ

いろいろ野菜とシウマイをカラッとジューシーに揚げました
チーズやたまねぎをさしても美味

［**材料（2人分）**］

昔ながらのシウマイ……6個
しいたけ……3枚
ミニトマト……6個
うす切りベーコン……6枚
ししとうがらし……6本
長ねぎ……12cm
小麦粉……適宜
全卵（溶き卵）……1個
パン粉……適量

［**作り方**］

1 しいたけは半分に切る。ししとうがらしはヘタを切る。ベーコンは10cm長さに切る。長ねぎは2cm幅に切る。
2 しいたけ、シウマイ、ミニトマトにベーコンを巻いたもの、ししとうがらし、長ねぎの順に竹串に刺す。
3 **2**を小麦粉、溶き卵、パン粉の順につけ、180℃のサラダ油（分量外）で色づくまで揚げる。

これが
串揚げの中身！

POINT

中濃ソースにすりごまを加えた「ごまソース」をつけると、さらにおいしい！

メイン
おつまみ

シウマイとえびの れんこんはさみ揚げ

シウマイ、えび、大葉のコントラストが目にも美しい
抹茶塩を添えて上品な逸品に

［材料（2人分）］

昔ながらのシウマイ……2個
れんこん……5cm程度
むきえび……60g
大葉……3枚
塩……少々
片栗粉……適宜
天ぷら衣
　小麦粉……180g
　全卵……1個
　冷水……200ml
抹茶塩
　抹茶……小さじ1/4
　塩……小さじ2

［作り方］

1 シウマイは横に3等分に切る。れんこんは8mm厚さ程度の輪切りにし、酢水（分量外）にさらす。
2 えびは背わたを竹串などでとって、包丁の背でたたき、塩を加える。さらにたたいてすり身を作り、20gずつに分ける。
3 れんこんの水気をふいて片栗粉をふり、3枚のれんこんにそれぞれ大葉とシウマイ2枚をのせ、**2**を広げる。
4 それぞれもう1枚のれんこんではさみ、小麦粉（分量外）をつけたのち、天ぷら衣をつけて170℃のサラダ油（分量外）で揚げる。
5 **4**を器に盛りつけ、抹茶塩を添える。

えびは包丁の背で
なめらかにたたこう！

POINT

えびのすり身は、市販の白身魚のすり身を使ってもOK。

メイン
おつまみ

崎陽軒風
揚げシウマイ豆腐

シンプルな揚げ豆腐も
シウマイが加われば主菜級のボリューム感に

［材料（２人分）］

昔ながらのシウマイ……３個
絹豆腐……½丁
なす（小）……½本
ししとうがらし……２本
大根おろし……５cm分
なめこ（お好みで）……10g
片栗粉……適宜
万能ねぎ（小口切り）……適宜
ゆずの皮……適宜

■A
水……150mℓ
みりん……小さじ5
しょうゆ……小さじ5
砂糖……少々
顆粒だし……小さじ½

［作り方］

1 豆腐は水気をしっかり抜き、片栗粉をまぶして180℃のサラダ油（分量外）で揚げる。
2 シウマイも片栗粉をまぶして180℃のサラダ油（分量外）でさっと揚げる。
3 なすは縦に隠し包丁を入れ、180℃のサラダ油（分量外）で素揚げする。ししとうがらしも同様に素揚げする。
4 **1**、**2**、**3**を器に盛りつけ、豆腐に大根おろしをのせ、湯通ししたなめこを添える。
5 小鍋にAを入れ、ひと煮立ちしたら火からおろし、**4**にかけ、万能ねぎとゆずの皮を飾る。

※豆腐の水気を抜くには、電子レンジに軽くかけるか、重しを使うとよい。

POINT
一味とうがらしやゆずこしょうでピリッとしたからみを加えても。

ランチ
軽食
パーティー

シウマイ de アメリカンドック

**やさしい甘さの衣にマッチする
シウマイ&クリームチーズの塩気が絶妙!**

[材料(2人分)]

昔ながらのシウマイ……8個
うずらの卵(水煮)……4個
クリームチーズ……約2.5cm角を4切れ
ブラックペッパー……適量
トマトケチャップ……適量
マスタード……適量

■A
ホットケーキミックス……200g
全卵……½個
牛乳……250mℓ

[作り方]

1 ボウルにAを入れて、よく混ぜる。
2 うずらの卵1個、シウマイ2個、クリームチーズ1切れの順番で竹串に刺し、ブラックペッパーをふる。
3 **2**を**1**にくぐらせ、170℃のサラダ油(分量外)でこんがりきつね色になるまで揚げる。
4 **3**にトマトケチャップとマスタードをかける。

うずらの卵が
一番下になるように!

POINT

ブラックペッパーがほどよく味にパンチを与えます。小腹が減ったときのおやつにも!

長年
変わらず
愛される
ヨコハマの味

崎陽軒のシウマイトリビア

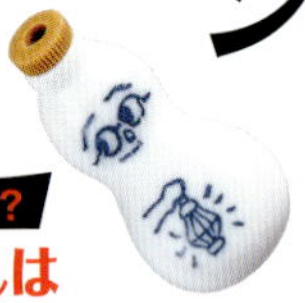

800種もある??

ひょうちゃんはセラミック製造会社が作っている

シウマイについているしょう油の入れ物ひょうちゃんは愛知県瀬戸市生まれ。現在大小各48種類あり、3代目です。そのうちたった1つだけメガネをかけたレアなひょうちゃんも！　劇団四季「キャッツ」とコラボ、クリスマス限定、100周年記念限定などの絵柄を合わせると、なんと約800種類にも。そのすべては崎陽軒横浜工場の見学者通路に展示されています。笑ったり、怒ったり、ユーモラスなひょうちゃんの隠れファンは多い！

約50年も前に!?

「真空パック」という名前は崎陽軒発!!

おいしいシウマイを遠くまでお土産に持って行きたいという声に応えて開発されたのが「真空パック」。なんとこの名付け親は崎陽軒。常温で10日、5℃以下なら1カ月間保存可能になり、日本全国どこでも崎陽軒のシウマイを味わえるようになりました。現在では、常温でも5カ月保存できるように進化。

ひょうちゃんの焼き印つき

食べる価値あり

通販では手に入らない隠れた人気商品

横浜スタジアムで食べられる「横濱シウセージドッグ」も

崎陽軒のお弁当以外のほとんどの商品は通販で購入可能です。しかし、通販では販売していない人気商品も。その1つが「シウマイまん」で、シウマイのたねを1個分包んだひと口サイズの中華まん。日持ちは当日限り。2014年4月から焼き印が1種類から5種類になってリニューアル。横浜を訪れた際には、ぜひご賞味あれ。

宴会注文もOK

子宝祈願の12kg巨大シウマイのひみつ

崎陽軒本店ウエディングの定番はウエディングケーキならぬ、ウエディングシウマイです。年間約100組のカップルがジャンボシウマイに入刀して愛を誓います。すると中から小さなシウマイがゴロゴロ。これには両家の繁栄と子孫繁栄の願いが込められています。

ハマっ子に伝授?

シウマイ博士によるシウマイ授業

横浜市内の小中学校では崎陽軒の“シウマイ博士”君塚義郎取締役による「食べ物のかがく」という食育の出張授業が行われています。シウマイが地域の名物として根付くようになった歴史を伝えるとともに、シウマイ作り体験を通じて安全で安心な食べ物の大切さや、調理の楽しさ・素晴らしさを伝え、子どもたちからも好評を博しています。

PART 2

蒸すだけ あっさりシウマイレシピ

シウマイを蒸すなんて当たり前！ と思っているあなた。定番の調理法だからこそ、シウマイのうま味が際立つおいしいメニューに変身します。

シウマイ炊き込みごはん

ランチ
メイン

**絶品！　香菜《シャンツァイ》がふわっと香る
中華風の炊き込みごはん**

［材料（2人分）］

昔ながらのシウマイ……6個
米……2合
しょうが……1かけ
長ねぎ……3cm
香菜（軽くきざむ）……適宜

A
なたね油……大さじ2
しょうゆ……大さじ2
オイスターソース……大さじ1
こしょう……少々

［作り方］

1 シウマイは縦半分に切る。しょうがはせん切りにする。長ねぎはみじん切りにする。
2 米と通常の分量の水（分量外）を炊飯器に入れて、スイッチを入れる。
3 **2**が炊きあがる10分前にふたをあけ、シウマイとしょうがを入れて再度ふたをする。
4 **3**が炊きあがったら、長ねぎとAを加えてよく混ぜる。
5 **4**をお茶碗に盛りつけ、お好みで香菜を飾る。

炊きあがり
10分前に投入！

POINT

シウマイとしょうがは炊きあがる前に入れることで、風味が増します。

メイン
パーティー

シウマイと里芋の洋風茶碗蒸し

コンソメと生クリームを使って仕上げた体も心もほっと温まる一品

［**材料（２人分）**］

昔ながらのシウマイ……２個
里芋……１個
しいたけ……½枚
コンソメスープ……75㎖
塩……少々
こしょう……少々
三つ葉……適宜

A
全卵……½個
卵黄……½個
生クリーム……25㎖

※４人分（２倍量）で作ると無駄がない。

［**作り方**］

1 シウマイは縦に十文字に切る。里芋はゆでて２㎝角に切る。しいたけはせん切りにする。
2 小鍋にコンソメスープを入れて火にかけ、シウマイとしいたけをさっと煮たら、具材を取り出して火を止める。
3 耐熱の器に**2**の具材と里芋を入れる。
4 ボウルに合わせたAと冷ました**2**のスープを入れ、塩とこしょうで味をととのえたら、裏ごしする。
5 **3**に**4**を注ぎ、ふたをして沸騰しないように湯せんにかけ、中まで火が通るように７～８分蒸す。
6 **5**に三つ葉を飾る。

沸騰しないように弱火で！

POINT
コンソメスープでシウマイとしいたけを先に煮ることで、スープにうま味がプラス。

シウマイとサーモンのホイル焼き

シウマイから出るだしがサーモンと野菜にしみ いつもとひと味違うおいしさです

［材料（２人分）］

昔ながらのシウマイ……４個
生サケ……２切れ（200g）
塩……少々
こしょう……少々
うす切りベーコン……２枚
たまねぎ……1/2個
ピーマン……1/4個
えのきだけ……40g
しめじ……40g
酒……少々
バター……20g
レモン……適宜
ポン酢……適宜

［作り方］

1 サケは塩とこしょうで下味をつけ、２時間ほどなじませる。
2 シウマイは縦に３等分する。ベーコンは４等分の長さにする。たまねぎは３㎜幅の輪切りにする。ピーマンは２㎜幅に切る。えのきだけとしめじは石づきをとり、ほぐす。
3 アルミホイルにたまねぎ、**1**、ベーコンの順に重ね、シウマイ、ピーマン、えのきだけ、しめじを盛りつける。酒をふりかけ、バターをのせてアルミホイルを閉じる。
4 **3**をスチームグリルなら35分、グリルなら30分程度焼く。
5 **4**を器にのせてアルミホイルを開き、レモンを添え、ポン酢をかける。

POINT

アルミホイルを開くときは、湯気でやけどをしないように注意して！

たっぷりねぎとセリの蒸しシウマイ

メイン
おつまみ

ねぎとしょうが、セリのさわやかな香りが食欲を増進

［材料（2人分）］

昔ながらのシウマイ……10個
長ねぎ……1/2本
しょうが……1/2かけ
セリ……1/3束

［作り方］

1 長ねぎは斜めうす切りにする。しょうがはせん切りにする。セリは3cm長さに切る。
2 シウマイをせいろで16分蒸し、ふたをあけて長ねぎ、しょうが、セリをのせて2分蒸す。

POINT だしじょうゆやだし割ポン酢じょうゆをつけていただくと香味野菜の香りを十分に楽しめます。

シウマイの温野菜サラダ

素材本来のやさしい味わいを堪能して！

朝食
メイン
パーティー

[材料（２人分）]

昔ながらのシウマイ……５個
れんこん……３cm
にんじん……30g
カリフラワー……20g
トマト……１個
キャベツ……１枚
かぼちゃ……30g
さつまいも……３cm
ブロッコリー……30g
かぶ（根）……１個

[作り方]

1 シウマイは縦半分に切る。野菜を食べやすい大きさにカットし、蒸し器で12分蒸し上げる。
2 シウマイを蒸し、1とともに器に盛りつけ、岩塩とオリーブオイルやお好みのドレッシングをつけて食べる。

POINT
野菜は旬のものやお好みものを使ってアレンジ自在。蒸す代わりにコンソメスープにバターを加えてゆでてもOK。

崎陽軒本店 総料理長 阿部義昭直伝！

家庭で作れる おいしいシウマイ

作り方は
➡P.48

オリエンタルな香り漂う
カレーシウマイ
磯の香りが広がる
シーフード
シウマイ

家庭で作れる おいしいシウマイの作り方

基本の「たまねぎシウマイ」

［材料（24個分）］

豚ひき肉……300g
塩……小さじ1
たまねぎ（みじん切り）……100g
①片栗粉……大さじ1
干ししいたけ（みじん切り）……70g
※水で戻してからゆでて水気を切ったもの
②片栗粉……大さじ1・½
シウマイの皮……24枚

■A
しょうゆ……少々
砂糖……小さじすりきり2
ごま油……少々
酒……少々
こしょう……少々
オイスターソース……少々

［作り方］

1 ボウルにたまねぎを入れ、①片栗粉をまぶす。
2 別のボウルに豚肉と塩を入れて、手で軽く混ぜる。ボウルの底に12～15回たたきつけるようにしながら練り、粘り気を出す。
3 **2**に**1**と干ししいたけ、②片栗粉、合わせたAを入れてよく混ぜる。バットや平らな皿に平たく広げ、中心を指でくぼませてラップをし、1～2時間冷蔵庫で寝かせる。
4 **3**を24等分に分け、シウマイの皮で包んで成形する（写真参考）。
5 お湯が沸騰してから、せいろで10分程度蒸し上げる。

シウマイの皮に割りばしの背を使ってたねをのせ、割りばしをさした状態でひっくり返す。それを親指とその他の指でくるむようにしてシウマイの形を整えるとかんたん。

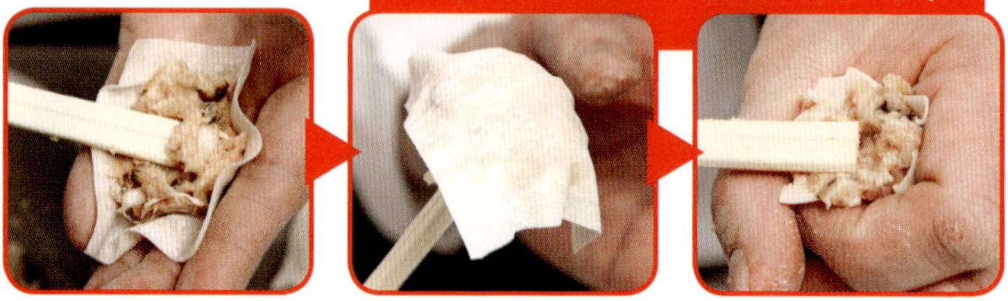

アレンジバージョン

さつまいもシウマイ さつまいも100g（5㎜角）をレンジで軽く加熱し、片栗粉大さじ1をまぶしたものをたまねぎシウマイにのせる。

シーフードシウマイ シーフードミックス100gを1㎝角に切り、たねに混ぜてあとはたまねぎシウマイと同様。

カレーシウマイ 3の途中でカレー粉小さじ1を加える。

PART 3

煮込んで あったかシウマイレシピ

シウマイのだしでおいしくいただける煮込み料理のレシピ集。スープから、メイン、ごはんものまで、幅広くアレンジできます。

朝食
メイン
軽食

シウマイポトフ

**シウマイと野菜のうま味がぎゅっとしみ込んだスープ
オイスターソースがレシピの隠し味**

［**材料（2人分）**］

昔ながらのシウマイ……8個
たまねぎ……½個
にんじん……¼本
じゃがいも……2個
キャベツ……⅛個
にんにく（みじん切り）……4かけ
塩……小さじ1
こしょう……少々
顆粒コンソメ……大さじ½
オイスターソース……大さじ1・½
しょうゆ……大さじ½
オリーブオイル……少々

A
お湯……750mℓ
酒……90mℓ
ローリエ……1枚
セロリ（くきの部分）……15g
パセリ（くきの部分をタコ糸でしばる）
……15g

［**作り方**］

1 キャベツは適当な大きさにちぎる。たまねぎはくし形切りにする。にんじんとじゃがいもは乱切りにする。
2 鍋にオリーブオイルを熱し、にんにくがきつね色になるまで炒めたら、シウマイを加えて少し焦げ目がつくまで炒める。
3 **2**にたまねぎとにんじんを加えてさらに炒める。
4 **3**にAを入れて、アクをとり、塩とこしょうで味をととのえたら、コンソメを入れる。
5 にんじんがやわらかくなったら、じゃがいもを入れ、オイスターソースとしょうゆを加えて、ふたをせずに強火で煮込む。
6 食材に火が通ったら、キャベツを加えてしんなりするまで約5分煮る。

POINT
強火で煮込むのが、食材に味をしみ込ませるコツ。

朝食
ランチ
メイン

シウマイと野菜のミネストローネスープ

たっぷり野菜とシウマイのうま味がつまった栄養満点スープ
パンと一緒におしゃれな朝食

[材料(2人分)]

昔ながらのシウマイ……5個
たまねぎ……40g
にんじん……20g
じゃがいも……30g
キャベツ……40g
ブロッコリー……15g
カットトマト(水煮缶)……60g
コンソメスープ……250mℓ
塩……適量
こしょう……適量
にんにく(みじん切り)……1/4かけ
ローリエ……1枚
オリーブオイル……小さじ1
パルミジャーノチーズ(粉チーズ)
……適宜

[作り方]

1 シウマイは縦に十文字に切る。たまねぎ、にんじん、じゃがいも、キャベツ、ブロッコリーは1cm角に切る。
2 鍋にオリーブオイルとにんにく、ローリエを入れて熱し、弱火で香りを出す。
3 **2**にたまねぎ、にんじん、じゃがいも、キャベツ、ブロッコリーの順に入れて、軽く炒めたら、シウマイを加える。
4 **3**にコンソメスープとカットトマトを加え、弱火で10〜15分程度アクをとりながら煮込む。
5 **4**を塩とこしょうで味をととのえ、器に盛りつけたら、パルミジャーノチーズ(粉チーズ)とオリーブオイル(分量外)をかける。

POINT

野菜を小さくカットしてあるので火が通りやすく、パパッと手軽にできます。

メイン
おつまみ
パーティー

シウマイと野菜のイタリア風トマト煮込み

**カラフル野菜とトマトソースでシウマイがイタリアンに！
おつまみや前菜としても**

［**材料（２人分）**］

昔ながらのシウマイ……８個
たまねぎ……$\frac{1}{2}$個
なす……１本
ブロッコリー……50g
カットトマト（水煮缶）……200g
塩……少々
こしょう……少々
にんにく（うす切り）……$\frac{1}{2}$かけ
鷹の爪（輪切り）……３～５個
オリーブオイル……大さじ１・$\frac{1}{2}$
乾燥バジル……適宜
パルミジャーノチーズ（粉チーズ）
　……適宜
フレッシュバジル（あれば）……適宜

［**作り方**］

1 たまねぎ、なす、ブロッコリーはひと口大に切り、シウマイと一緒に180℃のサラダ油（分量外）で素揚げする。
2 鍋にオリーブオイル、にんにく、鷹の爪を入れて弱火で香りを出し、カットトマトと乾燥バジルを加えて中火で５～６分煮込む。
3 **2**に**1**を入れてさっとあえ、塩とこしょうで味をととのえる。
4 **3**を器に盛りつけ、パルミジャーノチーズ（粉チーズ）をふり、あればフレッシュバジルを飾る。

POINT

あっさりいただきたいときは、食材を揚げずに軽く炒めてから煮込んでもよい。

ランチ
メイン

シウマイの洋風クリーミーすいとん

シウマイのエキスと里芋、かぼちゃがとろとろに溶け
やさしい味わいが口の中に広がります

［材料（2人分）］

昔ながらのシウマイ……6個

A
たまねぎ……25g
大根……25g
にんじん……15g
かぼちゃ……50g
里芋……25g
しいたけ……1枚
ブロッコリー……10g

すいとん
　強力粉……30g
　コーンスターチ……小さじ2・½
　水……40g
コンソメスープ……300mℓ
生クリーム……大さじ1
塩……適量
こしょう……適量

［作り方］

1 シウマイは3個は縦に十文字に切り、3個を8分の1に切る。Aの食材は食べやすい大きさに切る。
2 鍋にコンソメスープを入れて火にかけ、Aと縦十文字に切ったシウマイを入れる。
3 **2**に生クリームを加えてアクをとりながら中火で煮込み、かぼちゃが煮溶けてきたら塩とこしょうで味をととのえる。
4 ボウルにすいとんの材料を入れて練り、残りのシウマイを加えて混ぜる。
5 **3**の中にスプーンで**4**を落とし、浮いてきたら火を止める。

すいとんはスプーンで鍋に落とす！

POINT

かぼちゃを煮溶かすことで、クリーミーな仕上がりに。

ランチ
メイン
軽食

シウマイと
いろいろ野菜のリゾット

**シウマイのだしがおいしいから
余ったごはんと野菜でカンタンにできちゃいます！**

［**材料（2人分）**］

昔ながらのシウマイ……4個
ごはん……200g
たまねぎ……1/4個
にんにく（みじん切り）……少々
お好みの野菜
　パプリカ（赤・黄）
　ズッキーニ
　グリーンピースなど　全部で150g程度
コンソメスープ……250mℓ
白ワイン（あれば）……大さじ1
塩……少々
こしょう……少々
パルミジャーノチーズ（粉チーズ）
　……10g
バター……10g
オリーブオイル……大さじ1

［**作り方**］

1 シウマイは縦に十文字に切る。たまねぎはみじん切りにする。野菜は1cm角程度にそろえて切る。
2 鍋ににんにくとオリーブオイルを入れて弱火で熱し、たまねぎを入れて炒める。
3 **2**に、あれば白ワインを入れ、野菜を加えてさらに炒めたら、コンソメスープを注ぐ。
4 **3**にごはんを入れて中火でかきまわしながら煮込み、塩とこしょう、パルミジャーノチーズ（粉チーズ）で味をととのえる。
5 火を止めたらバターを加えてさっとあえる。

POINT

野菜はきのこやブロッコリー、トマトなど、冷蔵庫にある野菜を上手に使って！

メイン
パーティー

シウマイと里芋のクリーム煮

里芋入りのホワイトソースの濃厚なとろみがシウマイにおいしくからみます

［材料（2人分）］

昔ながらのシウマイ……8個
たまねぎ……1/4個
里芋……3個
ブロッコリー……50g
バター……15g
小麦粉……小さじ1
牛乳……200mℓ
生クリーム……大さじ2
しょうゆ……小さじ2
塩……少々
こしょう……少々
パルミジャーノチーズ（粉チーズ）……10g
バター（仕上げ用）……10g

［作り方］

1 シウマイは縦半分に切る。たまねぎはうす切りにする。里芋はゆでてから皮をむき、4等分に切る。ブロッコリーは小房に分けて、軽くゆでる。
2 フライパンにバターを熱し、たまねぎを入れて炒め、しんなりしたら弱火にし、小麦粉を加えて軽く炒め、牛乳で少しずつのばす。
3 **2**に生クリーム、シウマイ、里芋を加えて弱火のまま煮込み、とろみが出てきたらブロッコリーを加える。
4 **3**にしょうゆと塩、こしょうを入れて味をととのえ、仕上げにパルミジャーノチーズ（粉チーズ）とバターを入れる。

POINT

牛乳は少しずつ加えて、ダマにならないように注意しましょう。

シウマイ肉じゃが

メイン
おつまみ

シウマイをプラスして食べごたえのある肉じゃがに

[材料(2人分)]

昔ながらのシウマイ……4個
豚こま肉……75g
じゃがいも……3個
たまねぎ……1個
にんじん(小)……½本
しらたき……½袋
さやいんげん……3本
サラダ油……大さじ1

A
水……250mℓ
しょうゆ……50mℓ
みりん……大さじ1強
酒……小さじ4
砂糖……小さじ4
顆粒だし……大さじ1

[作り方]

1 じゃがいもは3分の1程度に切る。たまねぎはうす切りにする。にんじんは1cm厚さで5cm長さに切る。しらたきは食べやすい長さに切り、下ゆでする。さやいんげんはすじをとって塩ゆでし、半分の長さに切る。
2 鍋にサラダ油を熱し、豚肉、じゃがいも、たまねぎ、にんじん、しらたきを炒め、合わせたAを入れ、弱火で15分程度煮る。
3 じゃがいもとにんじんに火が通ったら、シウマイを加え、さらに5分程度煮たら火を止める。
4 **3**を器に盛りつけ、さやいんげんを添える。

POINT
お好みでからしをつけるとおいしい。

大根とシウマイの琥珀《こはく》煮

メイン
おつまみ

シウマイと干しほたて貝柱のうま味が
大根にじゅわっとしみ込んでいます

［材料（2人分）］

昔ながらのシウマイ……6個
大根……6㎝
干しほたて貝柱……4個
水……800㎖
しょうゆ……40㎖
酒……80㎖
塩……適量
こしょう……適量
ゆずの皮（せん切り）……適宜

［作り方］

1 干しほたて貝柱はひと晩水につけて戻し、だしをとる。大根は3㎝幅の輪切りにし、面取りをして隠し包丁を入れる。
2 鍋に米のとぎ汁（分量外）を入れ、大根を7割程度火が通るようにゆでる。
3 鍋に**1**でとっただしを入れて火にかけ、しょうゆ、酒、塩、こしょうを加えて味付けをし、大根、シウマイ、戻した干しほたて貝柱を入れ、弱火で1時間程度煮込む。
4 **3**を器に盛りつけ、ゆずの皮を飾る。

POINT

シンプルな味付けがだしの味を引き立てます。干しほたて貝柱がない場合は、かつおだしや昆布だしで代用可。

シウマイ入り豚汁

メイン
軽食

豚汁とシウマイの組み合わせが
和と中華の素敵なハーモニーを奏でます

[材料(2人分)]

昔ながらのシウマイ……5個
豚こま肉……50g
木綿豆腐……1/4丁
油揚げ(あれば)……1/4枚
こんにゃく……1/4枚
大根……100g
にんじん……50g
里芋……2個
ごぼう……1/4本
長ねぎ……2.5cm
さやえんどう……4本
だし汁……500mℓ
みそ……大さじ3
サラダ油……大さじ1
七味とうがらし(からしでも可)……適宜

POINT

豚肉を入れずにシウマイだけでもおいしい。その場合、半量を先に入れて煮込み、残りは後から加えるとうま味がアップ。

[作り方]

1 シウマイは縦半分に切る。豆腐は2cm幅の短冊切りに、油揚げは油抜きして1.5cm幅の短冊切りにする。こんにゃくは1cm幅の短冊切りにし、下ゆでする。大根とにんじんは1cm幅のいちょう切りにする。里芋は皮をむいて1cm厚さに切り、塩もみして(塩は分量外)、ぬめりをとる。ごぼうはささがきにして水にさらす。長ねぎは小口切りにする。さやえんどうは色よく下ゆでする。

2 鍋にサラダ油を熱してこんにゃくを炒め、大根、にんじん、里芋、ごぼうを加えて炒め、油がまわったら、豚肉も加えてさらに炒める。

3 豚肉の色が変わったらだし汁を注ぎ、煮立ったら火を弱め、アクをとる。みその半量を溶きながら加えて具材がやわらかくなるまで煮る。

4 **3**にシウマイと豆腐、油揚げを加えてさっと煮て、残りのみそを溶きながら入れ、ひと煮立ちさせて火を止める。

5 **4**をお椀に盛りつけ、長ねぎとさやえんどうをのせ、七味とうがらしをふる。

朝食
ランチ
軽食

シウマイ入り たまご雑炊

手軽においしいだしがとれるのはシウマイのおかげ
胃腸が疲れているときや、飲んだあとの〆にもどうぞ！

［材料（２人分）］

昔ながらのシウマイ……２個
ごはん……150g
全卵（溶き卵）……１個
長ねぎ……1/2本
しょうが……1/3かけ

A
水……360mℓ
顆粒コンソメ……小さじ１
塩……小さじ1/2
こしょう……適量
しょうゆ……大さじ１強

［作り方］

1 シウマイは８分の１に切る。長ねぎは小口切りにする。しょうがはみじん切りにする。
2 鍋に合わせたAを入れて火にかけ、１を加えてひと煮立ちしたら、さっと洗ったごはんを入れる。
3 もう一度煮立ったら溶き卵をまわし入れ、卵に８割ほど火が通ったら火を止める。

POINT
しょうが入りなので、体がぽかぽかになります。

シウマイおでん

いつものおでんにシウマイのうま味をプラス！

メイン
おつまみ
パーティー

[材料（2人分）]

昔ながらのシウマイ……4個
全卵（ゆでたまご）……2個
大根……6cm
こんにゃく……1/2枚
さつま揚げ……2個
結び昆布……2個
ちくわぶ……8cm
からし……適宜

A
水……800mℓ
酒……80mℓ
しょうゆ……60mℓ
塩……小さじ1強
みりん……60mℓ

[作り方]

1 大根は3cm幅の輪切りにし、面取りをして隠し包丁を入れたら、下ゆでする。こんにゃくは三角形になるように切り、下ゆでする。さつま揚げは油抜きする。
2 鍋に合わせたAを入れて火にかけ、シウマイ、ゆでたまご、大根、こんにゃく、さつま揚げ、結び昆布、ちくわぶを入れて1時間程度弱火で煮込む。
3 **2**を器に盛りつけ、からしを添える。

POINT
じっくり煮込んで翌日に食べれば、さらに食材に味がしみておいしい。

メイン
おつまみ

シウマイ入り湯豆腐

寒〜い夜のおともにアツアツのお鍋を

［材料（２人分）］

昔ながらのシウマイ……10個
絹豆腐……1丁
長ねぎ……1/2本
万能ねぎ……2/3束
だし昆布……1/2枚
水……600mℓ
酒……60mℓ
ポン酢じょうゆ……適量
もみじおろし……適量
万能ねぎ（小口切り）……1/3束

［作り方］

1 豆腐は4㎝程度のさいの目に切る。長ねぎは斜めうす切りにする。万能ねぎは6㎝長さに切る。
2 だし昆布をしいた鍋に水、酒を注ぎ、豆腐、シウマイ、長ねぎ、万能ねぎを入れて火にかける。
3 フツフツと沸いてきたら、ポン酢じょうゆにもみじおろし、万能ねぎなどの薬味をつけて食べる。

POINT

お好みでだしじょうゆとおろししょうが、きざみねぎ、かつお節でいただいてもおいしい。

ランチ
軽食

シウマイのロコモコ風

ハンバーグの代わりにシウマイでロコモコ丼
具材を混ぜながらいただきます！

［**材料（2人分）**］

昔ながらのシウマイ……8個
中濃ソース…… 大さじ3強
トマトケチャップ……大さじ3強
キャベツ……2枚
ブロッコリー……30g
ピーマン・パプリカ（赤・黄）
　……合わせて$\frac{1}{2}$個分
塩……少々
こしょう……少々
ごはん……300g
全卵（目玉焼き）……2枚
マヨネーズ……適宜

［**作り方**］

1 キャベツはせん切りにする。ブロッコリーは小房に分けて色よく塩ゆでする。ピーマン、パプリカは3㎝角に切り、軽く塩、こしょうをふって炒める。
2 小鍋に中濃ソースとトマトケチャップを入れ、シウマイを5分程度煮込む。
3 器にごはんを盛ってキャベツをのせ、煮込んだシウマイとソースをかける。ブロッコリー、ピーマン、別に焼いた目玉焼き（半熟）も盛りつけ、マヨネーズをかける。

POINT

ソースは市販のデミグラスソースで煮込むと、本格的な味わいに。

ランチ
メイン
軽食

シウマイカレー

シウマイもカレーもどっちも食べたいあなたに……

［材料（２人分）］

昔ながらのシウマイ……６個
たまねぎ……１個
にんじん……½本
じゃがいも……１個
水……300mℓ
カレールウ……60g
サラダ油……大さじ１
ごはん……300g
福神漬け……適宜

［作り方］

1 たまねぎはみじん切りにする。にんじんとじゃがいもは、ひと口大よりも少し大きめに切る。シウマイはオーブントースターで１分半程度焼く。
2 鍋にサラダ油を入れて熱し、たまねぎ、にんじん、じゃがいもを炒める。
3 **2**にシウマイを加えて、水を注ぎ、沸騰したら火を止める。
4 **3**にカレールウを割り入れて溶かし、再び弱火で20分程度煮込む。
5 器にごはんと福神漬けを盛りつけ、**4**をかけて食べる。

POINT

シウマイをオーブントースターで焼くことで、型くずれを防ぐことができます。

崎陽軒社長 スペシャルインタビュー

伝統を大切に受け継ぎながらも さらなる名物商品を生み出したい!

――人気商品を生み出す秘訣はあるのでしょうか?

崎陽軒のシウマイは横浜名物として、たくさんの方に愛していただいていますが、「どうしたらもっと喜んでいただけるか」と社内でアイデアを出し合います。その中にはシウマイ弁当を懐石料理風にするという案も。バランスよくいろいろな食材が入っていますし、器をちょっと変えれば非常に豪華になるんですね。そもそもシウマイ弁当自体、幕の内弁当がベースでね。日本人は小さな空間に大きな世界を表現するのに長けているんですね。

――「シウマイ弁当丼」は社長のご発案だそうですね?

ちょっとした遊び心でね……(笑)。シウマイ弁当の具材を卵でとじてご飯の上に盛りつけてあるんですが、ボリュームもあって好評なんです。しかし、これもシウマイの存在感があればこそ。シウマイといえば、ある人が話してくれたのは、子どもの頃、父親が出張に行くと崎陽軒のシウマイを買ってきてくれるのが楽しみだったと。だから今もシウマイを見ると、亡くなった父を思い出すと……。歴史があるということは、いろんな思い出と結びついているんですね。

――シウマイはなんと人生のお手本にもなるとか!?

私は結婚式でスピーチを頼まれると、必ず「崎陽軒のシウマイのような夫婦に」と話します。崎陽軒のシウマイは冷めてもうまい、新婚当時はみんなアツアツだけれど、20年、30年経ってもおいしい状態を保つのが肝心ですとね。それに、豚肉と帆

シンプルだからこそ、飽きがこない「シウマイ弁当」。シウマイに筍煮、あんずに小梅とバランスのよい具がたっぷりで人気。

旅のお供に、ビールのおつまみに、大人気の「シウマイ弁当」がなんと丼ぶりに!?　ロングセラーを生み出す崎陽軒の秘密を三代目社長・野並直文《なおぶみ》さんにうかがいました。（編集部）

立、違う環境で育ったものが仲良く共存しているよいお手本だとお話しすると、みなさん喜んでくださいますね。

――崎陽軒のこれからの展望をお聞かせください。

さらなる横浜名物を生み出したいです。たとえば月餅などもそう。もともと中国の月餅はサイズも大きいし、日本人には食べきれない。食べやすくアレンジするのも当社の腕の見せ所です。崎陽軒には長い伝統があるけれども、シウマイに関しては材料の配合も作り方もほとんど変えていません。でも伝統を守るというのは、同じことを続けていくだけではなく、先人と同じ思いや心意気を持つことだと思うのです。今後もよりよいものをめざしていきます。

楽しい思い出とともに、シウマイを味わってください！

株式会社崎陽軒 取締役社長
野並直文
昭和24年生まれ。平成３年より現職。横浜商工会議所副会頭、一般社団法人日本鉄道構内営業中央会会長、公益社団法人横浜中法人会会長などの要職を務める。

シウマイ弁当丼の作り方はP.76へ

社長オリジナルレシピ

シウマイ弁当丼の作り方

**シウマイ弁当丼は「シウマイ弁当」を材料に、
卵でとじた社長オリジナルのレシピです。**

[材料（1人分）]

シウマイ弁当……1個

全卵（溶き卵）……1個

■調味料（A）
だし汁……60mℓ
しょうゆ……小さじ2
みりん……小さじ2
砂糖……少々
※めんつゆでも可

[作り方]

1 小梅、あんず、紅しょうが、切り昆布は小皿にのせてはし休めにする。
2 シウマイは横半分に切る。鶏の唐揚げは3分の1の大きさに切る。かまぼこはせん切りにする。
3 ごはんは丼ぶりに移す。
4 鮪《まぐろ》の照り焼きはほぐし、筍煮を細かくきざんだものと合わせて**3**にのせる。
5 **2**を小鍋に並べ、合わせたAを入れて火にかける。沸いてきたら、溶き卵を入れてふたをし、5～10秒蒸らして火を止める。
6 **4**の上に**5**をのせる。お好みでこしょう（分量外）をふる。

ダシとよく合う
親子丼風!!

PART 4

焼くだけかんたん シウマイレシピ

フライパンやトースター、オーブンで焼いて調理するレシピ集。餃子やたこ焼き風の驚きのメニューもあり。みんなでワイワイいただこう！

メイン
おつまみ
パーティー

シウマイとトマト、とろ〜りチーズの熱々《アツアツ》グリル

シウマイとトマトの酸味は相性バッグン！
アツアツのうちにいただきましょう♪

[材料（２人分）]

昔ながらのシウマイ……８個
★トマトソース（市販品でも可）……60g
とろけるチーズ……20g
パルミジャーノチーズ（粉チーズ）
……10g
オリーブオイル……適量
パセリ（みじん切り）……適宜

★[トマトソース（作りやすい量）]

カットトマト（水煮缶）……800g
にんにく（みじん切り）……１かけ
たまねぎ（みじん切り）……100g
ローリエ……１枚
塩……少々
オリーブオイル……50mℓ

[作り方]

小鍋にオリーブオイル、にんにくを入れて弱火で熱し、たまねぎとローリエを入れてしっかり炒めたら、カットトマトと塩を加える。弱火〜中火でトマトをつぶしながら炒め、アクをとりながら15〜20分程度煮込む。

[作り方]

1 耐熱皿にオリーブオイルを塗り、シウマイを並べる。
2 1の上にトマトソース、とろけるチーズ、パルミジャーノチーズ（粉チーズ）の順番でのせ、オーブントースターでチーズにこんがり焼き色がつくまで10〜12分程度焼く。
3 2をオーブントースターから取り出し、パセリをふり、オリーブオイルをまわしかける。

POINT

トマトソースは、パスタや魚料理のソースとしても使えます。余ったら冷凍保存しておきましょう。

シウマイの
粒マスタードパン粉焼き

メイン
おつまみ
パーティー

粒マスタードのピリッとした刺激とパン粉の食感が楽しい

［材料（２人分）］

昔ながらのシウマイ……８個
粒マスタード……小さじ2
しょうゆ……小さじ1弱
オリーブオイル……適量

A
パセリ（みじん切り）……適宜
にんにく（みじん切り）……少々
乾燥パン粉……10g

［作り方］

1 粒マスタードとしょうゆを混ぜ合わせる。
2 シウマイを２個ずつ串にさして耐熱皿にのせたら、1をぬり、合わせたAをかける。
3 **2**をオーブントースターで色づく程度に5〜6分焼く。
4 **3**を器に盛りつけ、オリーブオイルをまわしかける。

POINT ワインやビールのおつまみに最適！

朝食
ランチ
パーティー

シウマイ入り
ピザ風トースト

材料をのっけて焼くだけでおいしいモーニングメニューに

［材料（２人分）］

昔ながらのシウマイ……５個
ミニトマト……４個
全卵（ゆでたまご）……１個
たまねぎ……1/4個
ピーマン……1/2個
食パン……２枚
ピザ用ソース（市販品）……適量
マヨネーズ……適量
とろけるチーズ……適量

POINT

焼き上がったら、お好みでオリーブオイルをまわしかけてもおいしい。

［作り方］

1 シウマイは横半分に切る。ミニトマトは縦半分に切る。ゆでたまごはあらみじん切りにする。たまねぎは繊維にそってうす切りにする。ピーマンは５㎜幅の輪切りにする。
2 食パンにピザソースを塗り、たまねぎを散らす。その上にシウマイ、ミニトマト、ゆでたまごをのせてマヨネーズをかけ、とろけるチーズをのせる。最後にピーマンをのせる。
3 **2**をオーブントースターで７～８分程度焼く。

ランチ
メイン

シウマイオムライス

子どもから大人まで人気のオムライスが
シウマイの飾りをまとっておしゃれな仕上がりに

[材料(2人分)]

昔ながらのシウマイ……6個
ごはん……320g
たまねぎ……100g
ピーマン……1個
マッシュルーム(水煮缶・スライス)……40g
全卵(溶き卵)……4個
塩……少々
こしょう……少々
トマトケチャップ……80g
サラダ油……30g
バター……20g
仕上げ用
　トマトケチャップ……適宜
　マヨネーズ……適宜
　昔ながらのシウマイ(横3等分にする)……2個
パセリ……適宜

[作り方]

1 シウマイは縦に十文字に切る。たまねぎは1cm角程度に切る。ピーマンは小さめの角切りにする。
2 フライパンにサラダ油とバターの半量を入れて熱し、たまねぎ、ピーマン、マッシュルーム、シウマイを炒める。
3 **2**にごはんを加えてほぐしながら炒め、塩とこしょう、トマトケチャップで味をととのえたら、ボウルに移す。
4 フライパンに残りの油とバターを入れ、溶き卵を入れてうす焼きたまご(2枚分)を作る。
5 **4**に**3**をのせ、たまごで包む。
6 **5**を器に盛りつけ、トマトケチャップとマヨネーズをかけ、飾り用のシウマイをのせ、パセリを添える。

黄金色の俵型オムライスを目指そう!

POINT

たまごの上にライスをのせたら、フライパンのはじによせて成形し、お皿にひっくり返すようにのせると美しい仕上がりに。

朝食
ランチ
軽食

特製シウマイホットサンド

お好みの野菜をたっぷりはさんでヘルシーサンド

[材料(2人分)]

特製シウマイ……6個
片栗粉……適量
全卵(溶き卵)……1個
レタス……2枚
紫たまねぎ……1/8個
水菜……30g
食パン……4枚
トマトケチャップ……適宜
とろけるチーズ……適宜
バター……適宜

■A
マヨネーズ……大さじ5
しょうゆ……大さじ1
からし……小さじ1

[作り方]

1 レタスは手でちぎる。紫たまねぎは繊維にそってうす切りにする。水菜は3cm長さに切る。
2 シウマイは横半分に切り、片栗粉をまぶして溶き卵につける。熱したフライパンにバターを溶かし、シウマイの両面をこんがり焼く。
3 食パン2枚に合わせたAを塗り、**2**、トマトケチャップ、とろけるチーズをのせる。残りの2枚の食パンにとろけるチーズをのせる。
4 **3**をオーブントースターで5分程度焼く。
5 **4**に**1**をトッピングしてそれぞれはさみ、半分に切る。

POINT

生野菜は最後にはさむことで、シャキシャキ感を楽しめます。

朝食
ランチ
パーティー

シウマイと野菜のイタリア風オムレツ

チーズの香りと具だくさんのふんわりオムレツは朝食におすすめ！

［材料（２人分）］

昔ながらのシウマイ……６個
じゃがいも……50g
たまねぎ……1/4個
パプリカ（赤）……30g
ブロッコリー……20g
オリーブ（実）……６個
オリーブオイル……大さじ2
バター……10g
パルミジャーノチーズ（粉チーズ）……10g
卵液
- 全卵……４個
- コンソメスープ……50mℓ
- 生クリーム……30g
- 塩……適量
- こしょう……適量

［作り方］

1 シウマイは縦に十文字に切る。じゃがいもは1cm角に切ってゆでる。たまねぎ、パプリカ、ブロッコリーは1cm角に切る。オリーブは種をはずして、うす切りにする。
2 フライパンに半量のオリーブオイルを熱し、たまねぎ、パプリカ、ブロッコリー、じゃがいもを炒め、しんなりしてきたらシウマイとオリーブも加えてさらに炒める。
3 ボウルに卵を溶きほぐし、残りの卵液の材料を入れて混ぜてこす。
4 **3**に**2**を入れ、パルミジャーノチーズ（粉チーズ）を入れて混ぜ合わせる。
5 直径21cmのフライパンに残りのオリーブオイルとバターを熱し、**4**を流しこんで手早くかき回して表面が固まったら、ふたをして弱火で火を通す。

POINT

トマトソース（作り方は79ページ参照）やパセリのみじん切りを加えれば、グレードアップ。

メイン
おつまみ
パーティー

特製シウマイ焼き餃子《ギョーザ》

見た目は餃子、中身はシウマイの不思議な魅力
みんなでワイワイいただきたい！

[材料(2人分)]

特製シウマイ……4個

A
白菜……40g
ニラ……1/8束
砂糖……ひとつまみ
塩……ひとつまみ
オイスターソース……大さじ1/4
しょうゆ……少々
こしょう……少々
ごま油……少々
片栗粉……小さじ2/3

餃子の皮……10枚
サラダ油……少々
ごま油……少々
たれ
しょうゆ……適宜
酢……適宜
ラー油……適宜

[作り方]

1 シウマイは8分の1に切る。白菜とニラはみじん切りにする。
2 ボウルにAを入れて調味料がダマにならないように軽く混ぜる。
3 餃子の皮のふちに水(分量外)を指で塗り、シウマイ3切れと**2**を少量を入れて包む。
4 フライパンにサラダ油を熱して餃子を並べ、お湯(分量外)を餃子の1/3がつかる程度まで入れ、ふたをして蒸し焼きにする。
5 パチパチ音がしたらふたを外してごま油をたらし、再び弱火で底面がきつね色になるまで焼く。
6 **5**を器に盛りつけ、たれにつけて食べる。

具がはみでないように
しっかり包んで！

POINT
餃子の皮は包みやすいように大判がおすすめ！

ランチ
おつまみ
パーティー

ごろっとシウマイ球《チュウ》

たこ焼きかと思いきや、なかにはシウマイが！
ふわふわ生地に包まれてシウマイもほくほく

［材料（2人分）］

昔ながらのシウマイ……10個
天かす……適量
紅しょうが（みじん切り）……適量
サラダ油……大さじ1

■A
たこ焼き粉……40g
全卵……1/4個
水……125mℓ

お好みソース……適宜
青のり……適宜
かつお節……適宜
マヨネーズ……適宜

［作り方］

1 ボウルにAを入れてよく混ぜとかす。
2 たこ焼き器にキッチンペーパーでサラダ油をまんべんなく塗り、**1**を流し込み、シウマイ、天かす、紅しょうがを入れる。
3 外側の皮が焼けてきたらくるっと返し、焼き色がつくまで焼く。
4 **3**を器に盛りつけ、お好みソースをぬり、青のり、かつお節をかけ、マヨネーズ（お好みで）を添える。

割りばしを使って
上手にくるん！

POINT

焼いたあとにサラダ油で素揚げすると、生地がカリカリしてよりいっそうおいしい！

焼き

4つのたれで味わう！

こんがり焼きシウマイ

V

［焼きシウマイ（10個分）の作り方］

シウマイを280℃のオーブンで
3～5分素焼きする。オーブントースターでもOK!

どっちにする？

ごはんにのせればシウマイかばやき丼に！

うなぎだれ

シウマイを素焼きし、うなぎのたれ（市販品）を塗ってさらに1～2分焼く（2回くり返す）。焼きあがったら粉さんしょうをふる。

香ばしく食欲を誘う香り！

焼き鳥のたれ

シウマイを素焼きし、焼き鳥のたれ（市販品）を塗ってさらに1～2分焼く（2回くり返す）。焼きあがったら七味とうがらしをふる。

子どもに人気！おつまみにもGOOD！

たまご&マヨネーズだれ

ゆでたまご1個をあらみじん切りにし、マヨネーズ30gと塩、こしょう少々で味をつける。シウマイを素焼きし、たまごマヨネーズだれをのせてさらに2～3分焼く。

シウマイがお好み焼きに!?

お好み焼きだれ

シウマイを素焼きし、お好み焼きソース、マヨネーズ、青のり、紅しょうがをのせる。

S

揚げ

★★

4つの食感で楽しむ!

さくさく揚げシウマイ

[揚げシウマイ(10個分)の作り方]

シウマイに小麦粉と片栗粉をまぶし、
それぞれの衣をつけて、170℃のサラダ油で4～5分からっと揚げる。

今日は

サクッと食感でスナック菓子のよう!

クラッカー揚げ

シウマイに小麦粉と片栗粉、くだいたクラッカーをまぶして揚げる。

チーズが香ばしいおつまみとしても!

粉チーズ揚げ

シウマイに小麦粉と片栗粉、粉チーズをまぶして揚げる。

やっぱりカレーとシウマイは相性バツグン!

カレー粉揚げ

シウマイに小麦粉と片栗粉、カレー粉をまぶして揚げる。

えびの香りが口いっぱいに広がる!

えびせん揚げ

シウマイに小麦粉と片栗粉、くだいたえびせんをまぶして揚げる。

シウマイと相性のよいたれ

素揚げした
シウマイにつけると
さらにおいしい！

シウマイはからしとしょうゆにつけて食べてもおいしいけれど、
ほかにもおいしい組み合わせのたれがたくさんあります。
一挙にご紹介します！

定番
NO.1！
からしじょうゆ

ツンとする
刺激もまたよし！
わさびじょうゆ

もみじおろし
＆万能ねぎも一緒に！
ポン酢じょうゆ

こってり味が
お好きな方に！
バターじょうゆ

おつまみに
するなら最高！
ピリ辛ねぎラー油

アメリカンテイストも
GOOD！
マスタード&ケチャップ

酸味がうま味を
引き立たせる！
トマトソース

濃厚な
味わいに！
バーベキューソース

さわやかさを
プラス！
バジルソース

シウマイを使ったメニューと相性のよいお酒

ビールはシウマイメニューになんでも合います！

本書で紹介する料理は前菜からメイン、中華はもちろん
和風からイタリアンまで、バラエティにとんでいます。
そこで、大人の愉しみであるお酒との相性もご紹介します！

白ワイン

揚げシウマイと野菜のマリネ→P.22

シウマイの粒マスタードパン粉焼き→P.80

赤ワイン

シウマイと野菜のイタリア風トマト煮込み
→P.54

焼酎

たっぷりねぎとセリの蒸しシウマイ
→P.44

シウマイの彩り串揚げ
→P.28

日本酒

大根とシウマイの琥珀煮→P.63

シウマイおでん
→P.68

北の恵み シウマイ

100周年記念シウマイ。シウマイの味の決め手となる干帆立貝柱は北海道産。そこで、コーンやいかなど、北海道の原材料にこだわったシウマイ。

販売期：2008年 春

黒豚 シウマイ

九州県産黒豚を使用した100周年記念シウマイの第2弾。崎陽軒の「崎陽」は長崎の別名であり、創業当時より縁のある土地である九州の材料をふんだんに使用したシウマイ。

販売期：2008年 夏

過去に販売された 限定シウマイ

「昔ながらのシウマイ」だけではなかった！ 過去の限定品には、シルクを使ったシウマイも。今後も続々登場予定なので、そのまま食べるもよし、アレンジするもよし。

シルク シウマイ

100周年記念シウマイの第3弾。生糸の輸出がさかんであった横浜港にちなみ、「やまゆりポーク」やふかゼラチン、あわびソース、シルクを使用した、なめらかな食感のシウマイ。

販売期：2008年 秋

とうふ シウマイ

大豆の風味豊かなとうふに昆布だしのうま味をきかせた、あっさりとした味わい。冷や奴のように冷やして食べてもおいしい。

販売期：2011年 夏

きのこ シウマイ

しいたけ、まいたけ、エリンギ、ぶなしめじ、まつたけの５種類のきのこをふんだんに使用した、きのこの風味と食感を味わえる。

販売期：2013年 秋

たこと白身魚の シウマイ

豚肉の代わりに白身魚の「ぐち」と「たら」、真だこを使用したヘルシーなシウマイ。しょうがじょうゆに合うさっぱりとした味わい。

販売期：2013年 初夏

PART 5

あえる&はさむ お手軽シウマイレシピ

シウマイがあれば、いつものメニューが簡単においしくボリュームアップ。あえる&はさむだけの調理で、あっという間にできあがり!

シウマイサンドイッチ

朝食
ランチ
軽食

シウマイがサンドイッチの具に見事に変身！

［材料（２人分）］

昔ながらのシウマイ……３個
全卵……２個
たまねぎ……½個
レタス……２枚
サンドイッチ用食パン……２枚
バター……適宜
粒マスタード……適宜
トマトケチャップ……適宜
塩……適宜
こしょう……適宜

［作り方］

1 シウマイは縦半分に切り、バターで炒める。卵は溶いてバターで炒め、スクランブルエッグにする。たまねぎは繊維にそってうす切りし、バターで炒めて、軽く塩、こしょうをふる。レタスは手でちぎる。
2 食パンをオーブントースターで１～２分程度焼き、バターと粒マスタードを塗る。
3 **2**に**1**をはさみ、トマトケチャップをかける。

POINT ボリューム満点なので朝食にも、お出かけ時のお弁当にも！

シウマイ入り マカロニサラダ

朝食
ランチ
パーティー

マカロニサラダにシウマイをプラスすれば食べごたえも十分！

［材料（２人分）］
昔ながらのシウマイ……２個
全卵（ゆでたまご）……２個
マカロニ（好みのかたさにゆでる）
……100g
にんじん……1/4本
きゅうり……1/2本
たまねぎ……1/2個

A
マヨネーズ……80g
粒マスタード……小さじ１強
塩……適宜
こしょう……適宜

［作り方］
1 シウマイとゆでたまごは縦に十文字に切る。にんじんはいちょう切りにして、塩ゆでする（塩は分量外）。きゅうりを斜めうす切りにし、たまねぎはせん切りにして、それぞれ塩もみする（塩は分量外）。
2 ボウルに１と合わせたAを入れてあえ、冷蔵庫で冷やす。

POINT
具材はしっかり水を切ってから調味料とあえましょう。

◉かば焼きおにぎり

［材料（2人分）］

昔ながらのシウマイ（8分の1に切る）……2個
ごはん……200g
かば焼きのたれ（市販品）……20g
粉さんしょう……少々

［作り方］

1 シウマイはかば焼きのたれにつける。
2 ごはんにかば焼きのたれと粉さんしょうを混ぜ、1を加えておにぎりにする。
3 2の表裏をオーブントースターで5～6分程度焼き、再度たれを塗り、乾かす程度にあぶる。

4種のシウマイおにぎり

朝食
ランチ
軽食
パーティー

**シウマイを具にしたバラエティあふれる
おにぎりをぜひご堪能あれ！**

●ねぎみそおにぎり

[材料(2人分)]

昔ながらのシウマイ(縦に十文字に切る)
……2個
ごはん……200g
焼きのり(半分に切る)……1枚
長ねぎ(みじん切り)……80g
サラダ油……少々

A
みそ……大さじ3・½強
砂糖……大さじ4弱
みりん……小さじ2
酒……小さじ2
一味とうがらし……少々

[作り方]

1 フライパンにサラダ油を熱して長ねぎを炒め、Aを加えたら、シウマイ8切れを加えて混ぜる。
2 ごはんにシウマイ各3切れを入れておにぎりにし、焼きのりで包み、各1切れずつのせる。

●かつお節おにぎり

[材料(2人分)]

昔ながらのシウマイ(8分の1に切る)
……2個
ごはん……200g
かつお節……2g
しょうゆ……適宜
からし……適宜

[作り方]

1 シウマイをからしじょうゆであえる。
2 ごはんに少量のしょうゆ、かつお節を混ぜる。
3 **2**に**1**を入れてさっとあえて、おにぎりにする。

●しそみょうがおにぎり

[材料(2人分)]

昔ながらのシウマイ(8分の1に切る)
……2個
ごはん……200g
みょうが(小口切り)……½本
しょうが(みじん切り)……6g
大葉(みじん切り)……1枚
焼きのり(せん切り)……¼枚
いり白ごま……6g
塩……少々
しょうゆ……適宜

[作り方]

1 シウマイをしょうゆであえる。
2 ごはんに塩としょうゆをあえ、すべての具材を混ぜておにぎりにする。

番外編

崎陽軒の肉まんピザ

肉まんが具入りのピザ生地に!!

［材料（2人分）］

肉まん……2個
たまねぎ……30g
ピーマン……30g
とろけるチーズ……適量
トマトケチャップ……適量

［作り方］

1 肉まんは蒸す（電子レンジ500W：1分20秒、700W：1分、蒸し器：8分）。たまねぎはうす切りに、ピーマンは5㎜幅の輪切りにする。

2 肉まんをラップで包み、手のひらで平らになるまで軽く押しつぶす（写真参考）。

3 **2**の表面にトマトケチャップを塗り、たまねぎ、ピーマン、とろけるチーズをのせて、オーブントースター（250℃）で5分程度焼く。

思い切って肉まんをつぶそう!

番外編

崎陽軒のあんまん いちごソースがけ

もとはコレ!

崎陽軒のあんまん

あんまんが豪華なフルーツパンケーキ風に!!

[材料(2人分)]

あんまん……2個
クリームチーズ……30g×2個
いちご……10個
いちごジャム……適宜
バター……大さじ1
砂糖……大さじ1・1/2
ホイップクリーム……適量
ミント(葉)……適量

あんまんにクリームチーズをはさむ!

[作り方]

1 いちごは縦半分に切る。熱したフライパンにバターを入れて溶かしたら、いちごと砂糖を入れて軽く火を通す。弱火にしていちごジャム(加熱したいちごの1/3程度)を加える。

2 あんまんを横に半分に切ってクリームチーズをはさんだら(写真参考)、蒸す(電子レンジ500W:1分10秒、700W:50秒、蒸し器:8分)。

3 2を器に盛りつけて1をかけ、ホイップクリームとミントを飾る。

みんなに愛されています LOVE

崎陽軒のシウマイ

幼いころから、
移動中や撮影の合間に……など、
崎陽軒のシウマイは
たくさんの著名人の方からも
ご愛顧いただいています。
みなさまからの熱いコメントを
ご紹介します！

**大好きな地元・横浜から
お芝居を発信し続けて15年。
稽古の合間や公演の前にシウマイを
食べ、元気をいただいています。**

©2014 株式会社オフサイド

女優

from 五大路子さん

神奈川県横浜市出身。桐朋学園演劇科に学び、早稲田小劇場を経て新国劇へ。NHK朝の連続テレビ小説『いちばん星』で主役デビュー。新国劇退団後も多数のテレビや舞台に出演して、現在に至る。

**子供の頃は海水浴に向かう
横須賀線の車内で、そして今はツアーで
全国を巡る新幹線の車内で崎陽軒の
シウマイ弁当をいただいております!!
♪おいしいシウマイ崎陽軒♪
イイネ！ イイネ！ イイネ！**

©Double Joy Records,co.,Ltd.

ミュージシャン

from 横山 剣さん

クレイジーケンバンドのリーダー。「音楽ジャンルからの解放」をモットーに、全方向型音楽で高い人気と評価を得る。また、堺正章、和田アキ子、松崎しげる、SMAP、TOKIO、藤井フミヤ、グループ魂、ジェロ、関ジャニ∞、小泉今日子&中井貴一ほか、数多くのアーティストに楽曲を提供するなど、その音楽活動は多岐にわたる。

きっと音楽人の中で僕が一番、
崎陽軒のシウマイ弁当を
愛し続けているのです。
ファンの方々も認めております。

©ROCKDOM ARTISTS Inc.

ミュージシャン

from Chageさん

1958年、福岡県小倉市生まれ。現在はソロとして活動中。ニューシングル「永い一日」発売中。2014年9月「Chage LiveTour2014」開催決定！
【レギュラーラジオ】JFN系23局ネット『Chageの音道』※毎週日曜日放送（一部地域を除く）

醤油とカラシを
つけて食べたときの、
噛み心地と香りの広がりが
スバラシイ。シウマイウマイ！

漫画原作者・漫画家

from 久住昌之さん

1958年、東京都三鷹市生まれ。マンガ家・ミュージシャン。1981年、泉昌之名義で描いた『かっこいいスキヤキ』でデビュー。原作したマンガに『孤独のグルメ』『花のズボラ飯』『野武士のグルメ』などがある。

新幹線移動が多い私ですが、
秋になると毎年ワクワクします。
「きのこシウマイ」大好きです！

©Studio K Group.

タレント・キルト作家

from キャシー中島さん

ハワイ出身。タレントとして幅広く活躍する中、キルト作家として注目を集める。ハワイアンキルトからアメリカンパッチワークまで数々のキルトを手掛け、国内外において高い評価を得ている。

小さい頃から崎陽軒の
シウマイが僕の活力です。
移動はもっぱらシウマイ弁当で、
おいしさで1日のやる気が出ます！

©YOSHIMOTO KOGYO CO.,LTD.

お笑い芸人

from 堤下 敦（インパルス）さん

神奈川県横浜市出身。よしもとクリエイティブ・エージェンシー所属。相方の板倉俊之とともにお笑いコンビ「インパルス」を結成し、ツッコミを担当。パワフルで的確なツッコミから「ツッコミ番長」の異名を持つ。

カテゴリー別メニューさくいん

おつまみ

クリスマスバージョン

2006年12月1日〜25日までの期間中に、通常絵柄か限定クリスマス絵柄のどちらかがついてきました。

ひょうちゃん Collection

崎陽軒のシウマイといつも一緒です…

初代ひょうちゃん

1955年に誕生したひょうちゃん。漫画家・横山隆一氏により描かれ、いろは文字にちなんで48種類あります。

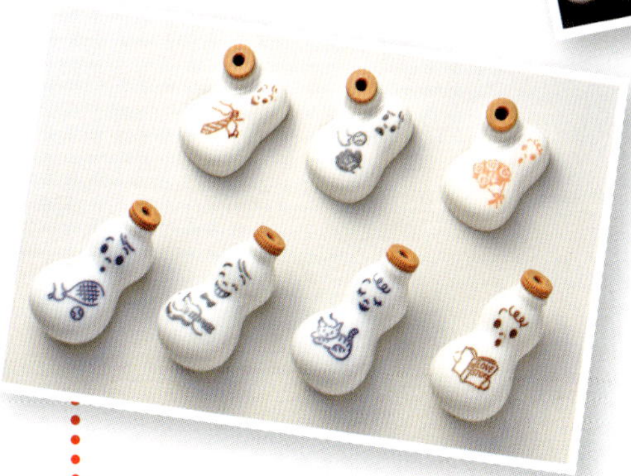

80周年バージョン（2代目）

創立80周年を記念して、「オサムグッズ」のイラストで有名な原田治氏によって生まれた2代目ひょうちゃん。

100周年記念バージョン

創立100周年を記念して、「アンクルトリス」のイラストで有名な柳原良平氏によってデザインされた限定版。

おわりに

崎陽軒のシウマイを末永く愛していただけるように……

『崎陽軒のシウマイレシピ70』はいかがでしたか？

私どものシウマイは横浜で生まれ、育てられ、いまでは日本全国のみなさまに愛されるようになりました。

そのため、本来そのまま味わっていただける「シウマイ」を煮たり、焼いたり、揚げたり……といった調理を加えることが本当によいのか迷ったのも正直なところです。

しかし、実際にレシピ考案の作業を続けるにつれて、「崎陽軒のシウマイ」だからこそ、いや「崎陽軒のシウマイ」でなければ出せないうま味を料理に活かすことができる！　と確信を持つようになりました。

また、それによってより多くの方の食事が豊かになるのならば、こんなにうれしいことはありません。

本書のレシピはほんの一例にすぎません。みなさまのアイデア次第でシウマイを使ったおいしいメニューをどんどん開発していただければと思います。

これからも、ますます崎陽軒のシウマイがみなさまに愛される存在でいられるように、私たちも努力してまいります。

株式会社 崎陽軒

1908年（明治41年）に横浜駅で創業。横浜駅は東京駅に近すぎたため、駅弁の販売には不向きな駅であった。そこで名物の開発に取り組み、1928年（昭和3年）、冷めてもおいしく、揺れる列車内でも食べ易いひと口サイズの大きさに仕上げたシウマイを発売。その後、シウマイ娘やシウマイ弁当、崎陽軒本店など新たな横浜名物を作り上げ、2008年（平成20年）4月に創業100周年を迎えた。横浜で生まれ育った歴史を背景に、真の「ローカルブランド」を目指し、常に横浜の名物名所の創造に取り組んでいる。

住所：神奈川県横浜市西区高島２丁目12番６号

http://www.kiyoken.com/

レシピ考案シェフ紹介

崎陽軒本店 総料理長

阿部 義昭

★おすすめ担当レシピ★
シウマイ炊き込みごはん

作って楽しい、食べておいしいシウマイレシピ。普段からの料理作りにも応用ができることを心がけて考案しました。横浜のおいしさをより深く、味わってみてください。

崎陽軒本店 洋食統括料理長

秋元 国和

★おすすめ担当レシピ★
シウマイと野菜のイタリア風トマト煮込み

シウマイの一粒一粒に詰まったうま味を活かしながら、洋風にアレンジしました。他の素材と合わせてひと手間加えることで、料理により一層の広がりが生まれます。

横浜事業本部 弁当調理部 調理長

橋場 洋文

★おすすめ担当レシピ★
大根とシウマイの琥珀煮

手軽に作れるおいしいもの、酒の肴にもごはんのおかずにもなることを前提にレシピを考案しました。普段あまり料理をしない男性やお子さまも、ぜひチャレンジしてください。

東京事業部 弁当調理部 調理長

松本　晃

★おすすめ担当レシピ★
ころころシウマイコロッケ

家庭にある食材や調味料を使ってかんたん、おいしい、たのしい料理になるよう、工夫を凝らしてレシピを仕上げました。

横浜事業本部 弁当調理部 製造課長

山野井 雅博

★おすすめ担当レシピ★
シウマイ回鍋肉

「かんたん・素早く・応用しやすい」をテーマに、中華風にアレンジしたシウマイレシピを考案しました。ぜひお試しください。

東京事業部 新製品開発室 メンバー

粟飯原 昌夫

★おすすめ担当レシピ★
シウマイナポリジャン

横浜生まれの名物を組み合わせたら面白い！ と思い、たどり着いたのがナポリジャンです。不思議と「からし」がよく合うのもシウマイレシピならではです。

※2014年2月現在

STAFF

編集・制作：秋山久仁雄・中村 彩・長倉衣里（レクスプレス）
ブックデザイン：シモサコグラフィック
撮影：清瀬智行
スタイリング：宮嵜夕霞
協力：杉浦美佐緒
撮影協力：UTUWA ☎03-6447-0070

崎陽軒のシウマイレシピ70

2014年6月10日　初版印刷
2014年6月20日　初版発行

監　修　株式会社崎陽軒
発行者　小林　悠一
発行所　株式会社 東京堂出版
〒101-0051　東京都千代田区神田神保町1-17
電　話　(03)3233-3741
振　替　00130-7-270
http://www.tokyodoshuppan.com/
印刷・製本 図書印刷株式会社

ISBN 978-4-490-20867-2 C2077